‖ 시인의 마을 시인선 35 ‖

21세기 작가(시) 50인 기획선

서금자 제 2시집

나팔꽃 고집

도서출판 한글

나팔꽃 고집

2018년 11월 25일 1판 1쇄 인쇄
2018년 11월 30일 1판 1쇄 발행
저　　자 **서 금 자**
발 행 자 **심 혁 창**
발 행 처 **도서출판 한글**
서울특별시 마포구 신촌로 270(아현동)

수창빌딩 903호 우 04116

☎ 02-363-0301 / FAX 362-8635
E-mail : simsazang@hanmail.net
창　　업 1980. 2. 20.
이전신고 제2018-000182

* 파본은 교환해 드립니다
* 정가 10,000원

ISBN 97889-7073-555-9-03130

이 도서의 국립도서관 출판예정도서목록(CIP)은 서지정보 유통시
스템 홈페이지(http://seoji.nl.go.kr)와 국가자료공동목록시스팀
(http://www.nl.go.kr/kolisnet)에서 이용할 수 있습니다.
(CIP제어번호:2018035406)

* 이 도서는 울산문화재단 '2018예술로(路) 탄탄지원사
업"의 일부 지원을 받아 제작되었습니다.

시인의 말

첫 시집을 올해 늦은 봄 유월에 내고
남은 시를 묶어 늦은 가을에
두 번째 시집을 냅니다
세월 가면 나의 순간순간들 묻혀질 것 같아
내친 김에 용기를 내어 봅니다
남은 세월
한 점 빛살무늬라도 되어주면 참 좋겠다
생각하면서….

여전히 번데기의 벽을
벗어나기에는
한참 멀었지만
나만 볼 수 있는 그곳에
감히 날개 하나 달아봅니다.

2018. 11.
知祐 서금자

목 차

1부

초승달 아래

이 가을밤 기타 줄 하나 메고 오셨네요
당신이 켜는 현 따라
귀뚜라민 두고 온 사랑 귀 뚫어져라 부르고
베짱인 그대 위한 베를 배짱 좋게 짜고 있네요
엄동설한 긴긴 밤, 한 허리 서슴없이 내어 줄
꿈을 꾸고 있습니다
당신은 저물지 않는 가을을
내 뜰 안에 가득 내려놓고
이별 자욱한 노래를 사랑인 양 부르게 합니다
당신은 알까요
이별이 서러운 이 밤이
내일 아침 이슬로 핀다는 것을
이슬은 이별이 서러운 그들의 눈물이라는 것을
나 그래도 사랑합니다
가난한 내 뜰이 비옥한 명작이 된 그 밤을

봄바람 탓

우~메 소가 느리게 시를 쓰는
어린 날 내 고향 봄 나절
세상 기쁨 몽땅 거기에 있었지
동네 어귀 벚꽃도 날개를 다듬고

뒷집 석이 오빠 서울 갔다 돌아오던 날
동네 언니들 한꺼번에 봄바람 났다고
숙이 언니집 암탉
한밤중에 꼬꼬댁 어른들께 일러바치고
성동댁 감자밭 지난밤에 몽땅 도둑맞았다고
동네방네 떠들어도 아무도 모르는 일
봄바람 탓이라고
성동댁은 우리 엄만데
같이 입 맞추던 엄마가 어찌나 고맙던지

이 봄날, 암탉 우는 소리 환청으로 들여오는데
그 봄바람은 다 어디 갔는지,

그들의 사랑법

- 달과 금성

멀리도 가까이도 아닌 그쯤에서
당신은 반짝이는 눈빛 보내고 있습니다
일 년 삼백육십오일
늘 혼자이어도 외롭지 않은 까닭은
그 자리를 지키는 낭신이 있기 때문이지요
함께하고픈 투정으로
흔적 없이 숨어도 보지만
나는 번번이 당신께 지고 맙니다
이틀도 못 견디고 당신 앞에 다시 서는 걸요
포동포동 몸집을 키워도 보고
곡선미 흘러내리게 다이어트도 해 보지만
당신 따뜻한 눈빛은 한결 같네요
늘 마음이 붉은 나는
보름이 멀다 하고 몸으로 시비를 걸어 보지만
당신은 밉도록 의연하기만 합니다
팔월 초사흘 뭇 사내들이 탐내는 곡선으로
또 다가가 보지만
당신은 오늘도 그대로 어제입니다.

나는 여전히 포기할 수 없어
하루를 생각 있게 먹으며 살쪄갈 것입니다
드디어 맏며느리 모습으로
볼이 터지게 살이 찌면
당신 향한 마음이 최대치라는 것만 알아주세요
속상한 나는 또 생각 없이 여위어 가겠지요
그래도 걱정하지 마십시오
이번에도 저는 저에게 지고 말 거니까요
영원한 사랑은
마음으로 사랑한다는 걸
눈빛으로 말한다는 걸
그 쉬운 진리를 알아가고 있으니까요

불꽃 한때

장렬한 최후 화려한 춤사위
감탄사 함께 오르는
하늘 가득 불꽃이 피었다

한 번쯤 우리 '와!' 감탄사가 되고 싶었지
불이 꽃으로 피듯이
꽃이 된 순간은 그대로 순간
화려한 춤사위 희뿌연 연기가 되고

평범한 일상이 그대로 감탄사인 것을
불꽃 지고 어두운 고갯길 넘으며 귀하게 알았지
불같이 핏대 세우던 그날들
쓸쓸한 발걸음에 마구 채였지

빛, 하늘을 열다
- 진주 유등축제

밤으로 가는 남강 물결이
하늘을 열었다

물결 저 너머
우리들의 이야기는 등불을 달고
서로에게 달려가고 싶었다
그때 그 순간을 빛으로 접어
오래도록 붙잡고도 싶었다

유등만큼 빛나던 그 날밤
그 둑길에서
나는 너를 향해
너는 나를 향해
강물에도 젖지 않을 등불 하나
심지를 돋우고 있었다.

당차다, 그 여인

겨울바람도
보송보송한 그 볼 얼리지 못한다
호수공원은 철 이른 매화를 피워 놓았다

연인을 기다리는 그 시간을 견디지 못해
저리도 빨리 마음을 들키고 있나
당찬 저 꽃잎들
서둘러야 내 것이 되는 걸 알지
서릿발쯤이야 무섭지 않지
더 오래 안고픈 그 마음
칼바람 녹일 꽃이 되었지

봄날에는 사랑한 길이만큼
동글동글 야무진 살밥이 될 테니
바람아, 지켜 봐 주렴

햇살, 몇 길이나 풀었을까

여름은 주저 없이 스스로 뜨거워졌다
햇살을 몇 길이나 풀었을까
금싸라기 소리로 가득 찬 들녘에서
바람을 만난다
옹골찬 황금색 쌀 한 톨
저 빛을 얻는데 꼬박 한 해가 걸렸다지

세상의 씨앗들은
모두가 어두운 창고에서 태어났다지
그늘을 참으며
권태처럼 끈적이는 장마를 견디며
서로를 껴안아 만든 그 마음이
비단 걸음을 떼게 한다지

알맹이는 눅눅한 어둠이 키워 놓은 것
그래서 햇살 앞에 빛으로 설 수 있지

갈대숲에 서다

은빛 갈대숲 그리며 순천만을 찾았다
갈대는 아직 잠 속에 있다
때 이른 나들이에 후회하는데
앞서 가는 웃음 한바탕 갈대밭을 깨운다

하얀 유니폼에 새겨진 이름표들
「우주처럼 김가네 집안」
'안 늙는다 할머니'
'마누라가 최고다 첫째 사위'
'총알보다 빠르다 둘째 사위'
'미래연봉 10억 셋째 사위'
…….
'공부는 남 준다 넷째 손자'

모두들 햇살 한 움큼씩 담고
갈대처럼 서로를 보듬고 사는 표정들
서로의 허리에 감고 감기는 저 포근함
그를 보는 나도 어느새 행복한 갈대
희뿌연 날씨는 그대로 노래가 되고

오늘 아침 뉴스를 생각해 본다
아버지를 사랑하고 남편을 사랑하는 법
제대로 몰라
아들이 아버지를, 아내가 남편을
벼랑으로 밀어내는 싸늘한 가족 이야기

내일 아침에는
「우주처럼 김가네 집안」
따뜻한 뉴스가 우주 곳곳에 떴으면 좋겠다.

직선인 듯 곡선인 듯
- 순천만 갈대숲에서

나지막이 익어가는 길
그 길 위에서
직선으로 달려온 시간이
갈바람 리듬을 탄다

직선인 듯 곡선의 저 허리들
율격 실은 몸짓으로
뫔* 한데 묶어
밀물 썰물 길을 만들고
가을을 몰고 있다

바닷물 깔아 만든 갯벌화선지
꽃게는 갈대들 밀어 숭숭 시를 쓰고
갈대는 구름에 율격 맞추면
순천만 갈대숲은 어느새 시집이 된다

한 사나흘 그 곁에 서면
시루에 갇힌 내 이야기

갈대 행간에서 부드러운 뜸이 들까
'순천만 갈대 시집'에 메마르지 않을
시 한 줄 담겨질까

* 뫔 : 몸과 마음

끝자락, 단풍들다

새털구름에도
가을비에도
단풍은 저리 곱게 드는가

푸른 짊은 날 곱게도 익혀 내었네
꽃보다 아름다운 너의 끝자락
강물처럼 저절로 흘러온 빛 아닌 줄 알지만
나 너처럼 물들고 싶네

그러면 나의 마지막도
누군가의 책갈피에
꽃인 양 곱게 간직해질까
그리움 하나쯤 피침被針처럼 꽂혀질까

청송의 가을
- 울산문협 문학기행

푸른 솔 향, 산자락마다
문장으로 날고 있다
첫날밤 여인의 귓불로 물들인 사과
호객으로 풀어 놓으며
청송은 그렇게 우리를 취하게 한다

솔바람 따라 산을 오른다
매미들 갈증 같은 여름 더위를 지우고
계곡 물소리로 쑥부쟁이는 근심을 벗는다
용추폭포는 이른 가을을 담아
산을 오르는 발자국들에 수채화를 뿌려 준다
바람의 귓속말로 가을은 익어가고
우리는 더디 더디 물들라고
잎새마다 주문하고

송이향이 배웅하는 하산 길에서
나는 귓불 붉힌 시 한 줄을 꿈꾸어 본다.

봄바람 들다

바람도 봄물 들면 바람이 든다
매화 개나리 진달래 치맛자락 훔치는
담장 밖 휘파람 밀회는 더 달콤하다

바람난 봄바람
주거니 받거니 거나하게 취해
애먼 소나무 가지 잡고
어설픈 춤꾼 흉내 내어 쌌더니
기어이 만리장성 쌓았구나
미소조차 숨기고 싶은 홍매화
아찔한 빛깔로 두근거리는 개나리
첫날밤 연지볼이 되어 있는 진달래를 보면

한번 바람나면 뒷일은 뒷전
봄밤의 밀담은 그칠 줄 모르고
그렇게 물오른 밤 지나면
봄날은 한꺼번에 혼절한다

나도 쑥 캐는 아낙처럼
빨간 수건 두르고 들로 나가면

눈먼 그에게 낚여질까
내 촘촘한 봄날도 낚여질까

친정집 추억들

마루에서 바라보는 부채꼴 대운산을 밥 먹
듯 보던 어린 날, 먼 데 산은 다 그런 줄 알았
지. 옹기골 이웃 덕에 장독대 옹기종기 간섭
받지 않는 햇살, 어머니 손맛 익혀 내고 개구
리 자장가로 단잠 들던 곳 오빠는 굵은 대추
알 따서 내게 주고 대문 앞 탱자나무는 노오
란 향 하염없이 피워냈다 친정 가는 길은 동
구부터 가슴에 풍선을 달았는데 오늘 낯선 대
문 앞에서 한참을 서성이다 돌아보니 바뀐 문
패, 두 해가 넘었었네 생각 없는 사람처럼 대
운산만 멍하니 바라본다.

이태 전 이맘 때 친정집 팔렸다며 올케가
건네 준 항아리, 힘에 버거워도 꾸역꾸역 가
져왔지 친정집 한 켠을 담아올 량으로 그
중에서 엄마 냄새 진하게 밴 술독을 보며 '술
독에 코를 박으면 딸기코가 된다'던 장난 같은
어머니 말씀 떠올려 보고 비에도 젖지 않을
추억 다독였는데 오늘은 그것조차 약효가 없
다.

그 독에 어머니 흉내 내어 담은 술로 남은
친정 불러와 거나하게 취하면 내 친정집 추억
들 깊은 맛으로 익을까 부채꼴 대운산 가슴에
앉혀질까.

불쑥, 그 봄날이

바람은
실오라기 하나 걸치지 않고
맨 몸으로 살랑입니다
수줍은 꽃들
첫날밤처럼 피어납니다

세상은 그렇게 유혹 당하고
산천은 그렇게 사랑물 들고
봄날은 그러다 철이 들고

오늘, 불쑥 그 봄날이
참 많이 그립습니다.

2부

나팔꽃 고집

우리 집 나팔꽃은 오른쪽만 고집한다
왼쪽으로 꼭꼭 매어 두어도
밤새 잠도 안 자고 몸 비틀어
또 오른쪽

우리 반 혁이는 왼손만 고집한다
글씨도 가위질도 오른손으로
꽉 잡아 옮겨 주면
그때뿐

나팔꽃도 못 이기는 내가
혁이의 습관을 바꾸려 한 것은
순전히 내 고집이다.

선암 겨울호수엔

선암 겨울 호수는 어머니가 있다
눈 덮인 겨울산을 거울처럼 품은

잔칫집 다녀오신 어머니
새색시 궁금해서 묻는 우리에게
죽동댁 큰며느리 키 크고 삼동갖다* 좋다 하고
거남댁 작은며느리 키 작고 야무지겠다
좋다 하던 어머니 마음 같다

산새 노래 젖지 않게 물여울로 밀어내고
어린 오리 술래잡기
어른 오리 사랑 놀음 도우려
언 물길 열어준다

시려도 아프지 못하는 선암 겨울호수
어머니 치마 한 폭이 물결에 일렁인다.

* 머리, 몸, 다리 세 부분이 잘 갖춰졌다는 뜻
- 몸의 균형이 잘 잡혔다는 울산 지방의 방언

빛살무늬로 날다
- 불나방

가로등불 아래
우리들의 신세계가 열린다
밤이 짙을수록
날개옷은 더욱 찬란하고
우리들의 몸짓은
결 고운 빛살무늬가 되지

그래서 우리
어두운 곳에서 눈치 보는 비열함을 거부한 채
불길 두려워하지 않는
최대치의 삶을 향해 이렇게
신명난 오늘을 날고 있지
화끈하고 짧게
촌음을 쪼개어 사노라면
이웃을 미워할 여유가 없지
내일을 걱정할 여유도 없지

우리 다만
번데기의 고독을 짚어

나방으로 몸 떨고 있을 뿐

세월 한 자락 피어내는
빛살무늬로
날고 있을 뿐.

산딸기 유월

우리들의 유월은 가슴이 먼저 운다
사춘기도 넘지 못한 녹색 위로
산산이 부서진 빛 모아
산천곳곳 붉은 원혼으로 맺혀 있다

'아아 잊으랴 어찌 우리 그날을'
솔바람은 그날을 쉰 목으로 노래하고
산비둘기 구구구구 온종일 조문을 읽고 있다

그대 누군가의 아들이고 남편이었을
칠십 년 훌쩍 묻어둔 아픈 시간
메아리도 되지 못한 그 세월이
응혈되어 산딸기로 맺혔구나

오늘 산천은 고마운 녹색입니다
이제 꺾였던 날들 용서하시고
더 발랄한 산딸기 꽃으로 피어나십시오
그냥 붉지만 말고
귓불 발갛던 그 꽃으로
백록담에서 천지까지

시어도 뱉지 않을
통일꽃으로 피어나십시오

바람, 나의 소나무

신선산 고갯마루에
신선처럼 나이 든 소나무 한 그루 있다
'바람'이라 불렀다
내 소원을 들어줄

호수공원 산책길에 맞아주는 그
사랑하는 이의 어깨처럼 든든하다
온몸으로 맞아주는 그와
내가 아름으로 팔 벌려 서로를 안는다

호수공원 산자락엔
재선충에 병든 소나무 무덤들
벌겋게 누워 있는데

그날
눈을 비비며 베란다 창문을 연다
나의 바람이 온통 붉음이다
재선충? 재선충?
현관문을 박차고 나간다
하느님 제발 바람만은 살려주세요

휴, 다행이다
빌딩 모서리에 커다랗게 달려 있던 거울이
아침 햇살에 반사한 것이었다.

통영을 읽다

- 문수필담 봄 문학기행

스물다섯 버스 자리 듬성듬성 빠진 치아
그런대로 흥겹다
창가로 흐르는 아까시, 우리처럼 환하고
박경리 문학관 들어서니
「김약국의 딸」과 「토지」가
아린 세월 접어 마중한다
글은 쓰는 게 아니고 무명실 잣듯
삶을 자아낸다는
작가의 말씀을 정중히 모셔 본다

유치환 문학관이 발길을 끈다
애련한 사랑이 파도를 타고 노스탤지어
손수건을 흔들며 다가온다
'파도야 어쩌란 말이냐' 짧은 시구 앞에서
우리 한 번쯤은 파도가 되고 싶지 않았던가
푸른 해원만큼 마르지 않는
그의 사랑이 부럽다

세병관 앞에선 절로 옷섶이 여며진다
뒤뜰 담장에 패랭이꽃 분홍물 풀어 놓는다

병기 씻던 병사들
달빛 더하면 속수무책으로 흔들리겠다

통영중앙시장이 헛헛한 뱃속을 안내한다
바다에서 금방 샤워한 알몸의 갈치, 가자미
밸리댄스로 호객하는 낙지, 문어들 뿌리치기
힘들다
치맛자락 잡힐까 바쁘게 빠져나와
잠재운 돔 열 마리 꺼먼 봉지 보쌈으로 정중
히 모셨다

드디어 동피랑이다
'쌔기 오이소! 동피랑 몬당까지 온다고 욕봤지예!'
가난했던 길이 넉넉한 웃음으로 달려나온다
벽만 한 천사의 날개 빌려 입고
미안스레 천사도 되어 보았다

마지막 코스 서피랑에 닿았다
아흔아홉 계단 호랑나비 날개 빌려
통영 하늘 날아본다

통영 바다 강구항이 펼쳐진 원고지다
파도 갈피마다 감탄사 빼곡하다

돌아오는
버스 안
동피랑 서피랑 팔랑팔랑 날고 있다
통영이 깔깔 까르르 아이처럼 웃으며
울산까지 따라왔다.

배롱나무, 맨몸으로 앉아

햇살이 봄을 나르는 길
숨 고르며 북대암을 오른다
분홍 눈 맞춤으로 심중을 전하던 한나절 추억
지난여름 정들인 배롱나무를 찾는다
부처님께 참회라도 하는 것일까
지금은 삭발하고 맨몸으로 도량에 앉아 있다

여름내 낯가림 않고 참 가볍게도 웃었지
바람 따라 셈 없이 많이도 흔들렸지
사진 속 모두의 연인이 되어 염문도 뿌렸지

하늘빛 청정한 북대암에서
그 많은 말을 묶고 마음을 닦는다
배롱나무, 매끈한 몸
물길 내는 소리를 들으며
다시 올 여름을 꿈꾼다.

들이고 버리고

가을 한 자락을 거실에 모신다
지인에게서 받은 모과 다섯 개
녹색도 노랑도 아닌
새콤도 달콤도 아닌
유별나지 않아서 마음에 쏘옥 들었다

이름만큼 못난 너를 보며
싱긋 웃어도 보고 건드려도 보며
그 하루를 은근히 즐기기도 했지

어느덧 가을 지고
구석 녘에 쭈그린 모과를 만난다
팽팽했던 그 젊음 다 어디 가고
노인 냄새와 골진 주름만 가득하다
살피지 못해 미안했다
기쁨이 되지 못하는 저를 버려야 하나?

이웃 요양병원 머리성성 골 깊은 할머니
잘난 아들 딸 다섯 있다고
그들 모두 잘 산다고

침 마르게 자랑하는 그녀의 말들이
쓰레기통으로 향하는 발길에 자꾸만 채인다
나도 너를 결국은 버려야겠지.

세월을 찾다

휴대폰을 어디 두었더라
손목시계는…
어제 쓰던 볼펜은…
며칠 전 입었던 갈색 바지는…
삽시간에 머리 밖을 나간 것들
찾고 또 찾는다
오늘 아침
급기야 그 아침마저 잊고 말았다

그러다가 나는 문득 세월이란 걸 찾아낸다
그동안 내가 찾던 건
휴대폰도 손목시계도 아닌 세월이었다는 것을
그걸 알고 난 뒤로
'오늘'을 꾹꾹 눌러 간직하고 있다
오늘이 세월 될까 봐

한나절 사랑

수양버들 봄비와의 한나절 밀담에
그새 새순을 낳고
목련도 봄 햇살과 한나절 밀회하더니
그새 순백 연서를 쓰고
봄바람 한나절 산자락에 놀다 가면
달래 냉이 온종일 자진모리 춤사위다

봄이 한나절 머물다 가면
가불된 초록냄새 푸른 새소리
눈 붙은 것들 한꺼번에 눈을 뜨고
길 있는 것들 한꺼번에 희망을 열고
세월 바랜 고목에도 물이 오르고

시작은 언제나 가슴 뛰는 것
꿈꾼다는 건 살아 있다는 것
내일도 봄날이면 좋겠다.

파도 너스레

해바라기 고개 숙인 틈새로
또 한 계절이 오고 있다

하루는 더딘데 계절은 무상無常하다
바다에 가면 그 답이 있을까
나 먼저 온 갈매기들
오늘 따라 날갯짓이 무겁다

우리가 가야 할 곳?
그들은 답을 찾았는지 날아가 버리고
혼자서 침묵하는 바다를 읽고 있는데
수평선 저 너머 짙은 가을이
파도 너스레로 중얼중얼 오고 있다.

태풍에 이기다

- 코스모스

호수공원 코스모스를
한 방향으로 쓸어 눕혔다

흘림체로 시를 쓰는 너의 허리
바람도 어쩌지 못해 한바탕 놀았구나

쓰러진 채로도 해맑게 웃는 너는
약한 척 강한 어머니를 닮아
허리로 썼던 그 많은 사연들 가슴에 묻고
새하얀 구름처럼 웃고 있구나
져 주는 척 기어이 이기고 있구나

파도 눈치를 보다

통영 바다는 겨우내 땀방울 일궈
부표 이랑에 굴 하얗게 심어 놓았다
파도는 부지런히 북을 돋우고
나는 탱탱하게 살 오른 것 하나
눈으로 씹으며 군침을 삼킨다

햇발은 노스탤지어의 손수건에 시를 쓰는데
해찰궂은 파도가 다 읽기도 전에
원고지를 자꾸 넘긴다
소리 없는 아우성이 청마의 깃발에 꽂히고
파도야 나는 어쩌란 말이냐
청마의 시구에 깜빡 소녀가 되어 보려는데
파도가 속없이 웃고 있다

파도 눈치를 살피던 그날
석양은 저 홀로 붉어 있었다.

가을 한 자락을 익히고

베란다 가득 여주가 넌출대고 있습니다 연필심만한 줄기로 내 키 다섯도 넘는 길을 내어 물을 나르며 녹색을 풀어내고 있습니다 십삼 층까지 나비는 감히 올라올 엄두도 못 내는데 저들은 꽃을 피웁니다 수많은 수꽃들 사이로 도깨비방망이를 단 귀한 암꽃, 사흘 후 시들시들 떨어지고 말더니 또 씨방을 단 여주 낭자가 노란 얼굴을 붉혔습니다 나는 졸지에 나비가 되어 수꽃도령에게 첫날밤을 만들어줍니다 사뿐히 최대한 부드럽게 입맞춤을 하게 하고 그 다음은 그냥 저들에게 맡겨 봅니다 신혼을 치른 여주가 아기를 매달았습니다 도깨비 방망이로 요술처럼 쑥쑥 자랍니다.

나도 참 주책없이 나이 들었나 봅니다 첫날밤을 지켜보면서도 낯 한번 붉히지 않았으니 말입니다 귀하디귀한 어린 것에 어지간히 목말랐나 봅니다 어린 것은 어려서 모두 귀엽듯이 울퉁불퉁 못생긴 내 여주도 귀엽기만 합니다.

이렇게 나는 베란다에서 가을 한 자락을 익혀갑니다 남은 가을이 아깝게도 자꾸 익어갑니다.

3부

오월

오월은 갓 백일난 아기다
덜 여문 재롱
삐이삐이 옹알이
뻐꾹뻐꾹 입 틔우기
나풀나풀 배냇짓
엄마를 향한 살가운 웃음
안으면 흠집 날까 바라만 본다.

작고 큰 물음 하나

첫눈 뜬 외손녀 맞으러간 산부인과
세상 나온 생명들이 한꺼번에 운다

응애응애 응아응아
같은 노랫말 다른 멜로디
세상을 향한 경쾌한 물음이다

세상은 아름다운가요?
연둣빛 꿈 펼칠 수 있나요?
그 꿈 날개 달 수 있나요?

그래 아가야
세상은 아름다운 곳이란다
연둣빛 꿈에 날개도 달고
푸른 하늘 날 수도 있단다
그 모두 네가 그려갈 미래란다

오늘 맑고 당찬 물음 하나
세상에 고운 화음으로 퍼져 나갈 테니

웃음씨를 받다

호수공원 가득 깔깔깔 웃음소리
돌아보니 스무 살 아가씨들
동글동글 해바라기로 피었다

두 살 외손녀와 숨바꼭질을 한다
엉덩이 머리 다 내어 놓고도
눈만 가리면 들킨 것 아니란다
모르는 척 기다렸다 눈 맞추면
그제야 들켰다고 까르르 웃는다

그 웃음 참 예쁘다
그 씨앗 받아 마음 밭에 뿌려야겠다

물 주고 거름 주어 가꾸면
패랭이 채송화 해바라기
푸른 한 소절로 피어주지 않을까
마음이 몸보다 아픈 날 꺼내 보면
깔깔깔 그 소리로 피어나지 않을까

더위도 축복이다

거제 리조트 수영장은 여름이 넘쳐난다
뙤약볕에 달궈진 함성은 물보라로 날고
아이들은 튜브 꽃받침에 수련으로 피었다
방학숙제로 수련꽃 받쳐든 엄마 아빠들에게도
휴가 한 나절은 풍성한 일기가 된다

관람객이 된 할미는 내일을 그려본다
오늘 이 웃음, 실한 근육이 되거라
이 물장구, 대서양을 넘나드는 날개가 되거라
내 일기장에도 웃음꽃 가득 피었다
더위가 축복이 되는 팔월 한나절.

귀한 사흘

아이들은 바이올린 캠프 보냈다며
딸은 저들 부부와 여름휴가 동반하잔다
신혼을 방해하기 미안해 극구 사양하는데
딸은 알콩달콩한 부부 사이 아니라며
엄마가 가야 알찬 휴가 된단나

청송은 주왕산을 선물로 내놓는다
후한 여름을 풀어 놓고
간간이 가을바람도 덤으로 준다
한나절 함께 걷던 용추폭포길
부채바람 인심 쓸 기회를 주어
오르막길 가파를수록 더위가 더 정겹다

팔월 첫날부터 살붙이와 함께 식힌 여름
이제 남은 여름은 걱정 없겠다
청송의 그 사흘
살면서 자주 돌아보게 될.

가을에게 · 1

입추 말복 지난 오늘
서늘한 바람 여며 당신이 오나 봅니다
미리 보낸 연서, 하늘에다 펼쳐 놓습니다
당신도 어지간히 여름을 참았나 봅니다

당신 앞에선 언제나 소녀이고 싶은 나
선물로 가져다줄 설빔 같은 옷 그리며
철없어 세상물정 모르는
나사 하나쯤 빼놓은 채 살고 싶었지요

오늘 벌써 그 산자락에
온몸으로 취한 고추잠자리 날고 있답니다
나 당신께
엇박자 노랫말로 답장연서 써내려 갑니다
고추잠자리 꼬리 빌려 빨갛게 쓰고 있습니다
가까이 다가올 사랑 하나 예감했다고

가을에게 · 2

잠시만 쉬어 가시지요, 당신
사랑한다는 말 하지 않아도 됩니다
다 못한 이야기 남았거든
떡갈잎에 이별인사 한 줄만 새겨놓고 가시지요

설렘이던 홍안이 검버섯 가득한 걸 보면
그동안 제가 많이 힘들게 했나 봅니다
끝없는 욕심 채울 수 없어 투정부린 것 알고
있답니다
밋밋한 삶은 싫었거든요
힘든 순간이 성숙을 만든다는 걸 알았으니까요

베란다 문으로 들어온 바람이
당신의 이별을 살짝 귀띔해 주더군요
떠나는 당신 앞에서 진실해지려 합니다
당신이 남겨둔 갈참나무 잎에
이제 제가 먼저 연서를 쓰렵니다
답장은 안 하셔도 됩니다
무소식이 희소식이란 걸 알고 있으니까요

다만 내년에도 입추 말복 지나는 날
고추잠자리 꼬리글씨로
답장연서를 쓰도록만 해 주세요
잊는 걸 밥 먹듯 하는 나는
새 달력이 오면 '입추, 말복'에
파란색 동그라미 제일 먼저 그려 놓겠습니다
잘 가세요 가을, 안녕을 빌게요

그저 그랬습니다

오늘 내 주민등록증에
'어르신' 수식어를 떡하니 붙여주네요
지하철 무료탑승을 선물로 준다면서

고마워서 하늘을 한참 쳐다봤지요
푸른 하늘이 그저 그랬습니다
봄 햇살도 그저 그랬습니다
동리 만당*도 한 달음에 달려가는
영원한 가시내인데

집으로 오는 길
차창에 비친 진짜 어르신 허옇게 웃고 있네요

* 동네 입구 오르막 고갯길, 울산지방의 방언

다시 태화루

태화루는
수행 접고 돌아온 고승으로
다시 왔다

십리 대숲 바람에선
날 부르던 어머니 목소리가 담겨 있다
강물은 옛 햇살 풀어
연어 수달 함께 놀던 고향 풍경 살려낸다

오랜 세월 접혀 있던 내 고향 푸른 희망
울산 문화유산 여위고선 면목없던 나날들
이제 어깨 힘도 주어 보고 거드름도 피워 보며
맑은 붓으로 먹물 찍어
문화유산 살찌울 점 하나 키우고 싶다.

사랑을 받으려면

제비가 왔다
달력을 보니 오늘이 삼월 삼짇날
작년도 재작년도 그랬는데
제비에겐 이 날 약속이 신앙인가 보다

그 먼 길 짧지 않은 세월
하늘 길 어디쯤 날짜를 기록해 두었을까
하루 이틀쯤 빨라도 늦어도 괜찮은데
삼월 삼짇날 지키기 위해
머나먼 길 목숨 줄 걸고 날아왔을 너

달력에 크게 동그라미 쳐놓고도
깜빡 잊기 일쑤인 나
'바빠서'의 내 알량한 핑계가 부끄러워
오늘 너에게서 깊이 배운다
사랑을 받으려면
약속을 목숨처럼 지켜야 한다는 것을

고향, 그 봄날

연한 생명들 산천에 들어차면
고향집 대문간엔 탱자꽃 하얗게 핀다
텃밭의 상추 쑥갓 그 여린 속살 가득 담아
쌈채소 밥상을 차린다
두레상은 우리보다 먼저 볼이 터진다

한 사흘 오줌 물에 담궜던 거북등껍질 손들
자야 숙이 병수 남이
당산나무 밑에서 공깃돌로 신났는데
지금은 허허로운 자리에 바람만 맴돈다

손나팔로 불러 모아
봄 먹은 나이로 주연, 조연, 엑스트라를 정해서
'지금부터 다시 봄'
신나게 연극 한 번 해 보고 싶은 날이다.

아스라한 추억들

봄보다 개나리가 먼저 와 있었지
하얀 손수건 가슴에 달고 입학하던 날
내 이름 부르는데 예, 대답도 못하고
병아리 떼 종종종 뒤만 따라 다녔지

접시꽃에 가득 담기던 여름
속마음 들키지 않으려 땅만 보고 걷던 날
중학교 그 남학생
내 이름 다정히 불러주었지
수줍던 그 분홍 마냥 들키고 싶었지

하늘 빛 그 가을
들국화 곱게 붙인 편지지에
어설프게 멋이 든
고등학교 그 남학생 편지
다 읽고 안 본 척 돌려주었지

눈꽃으로 내린 그 겨울
온 들판 은색으로 핀 꽃 속에서

꽃도 아니면서 꽃인 척
푸쉬킨의 시구를 되뇌게 한
모든 것은 순간에 지나가고
감탄사가 되기도 전에 다 사라져 버리고

봄 여름 가을 그리고 겨울
돌아보니 모두가 따뜻한 그리움
후후 군불 지펴 쬐어본다
불씨 꺼지지 않게 다독여 본다.

마음먹기 따라

시이롱시이롱 매미들 노래
뜨거운 햇살 부추긴다 생각하면
얄밉기 짝이 없는데
서어렁서어렁
불볕더위 식히고 있다 생각하면
더 없이 고맙다

문인으로 미안한 내 이름
'금자'로 부르면 촌스러운데
'자금'으로 부르면 그런 대로 세련됐다

가을비 오는 날
외롭다 생각하면 괜히 쓸쓸한데
글쓰기 딱 좋다 생각하면
선물처럼 반갑다

예전에 예사로 알았던 것
나이 들어 새삼 깨닫는다
세상사 마음먹기 달렸다는 것
힘들 땐 생각을 뒤집어야 한다는 것

살아가고 살아내고

아침을 깨우는 딸의 전화 "세상 살기 힘들
다"고. 나는 주저하지 않고 대답한다 우리 모
두 살아가는 게 아니고 살아내는 거라고, 딸
애는 아내, 엄마, 며느리로 사는 게 만만치 않
은가 보다 순발력 있는 대답이라 싶었는데 무
거워진 전화기 너머로 딸의 목소리가 여음으
로 흩어진다

살아가는 게 아니고 살아내는 것, 가만히
나를 반추해 본다 얼마나 잘 살아내었는가 얼
마나 잘 살아낼 것인가. 살아가는 건 물처럼
흐름이며 살아내는 건 스스로 만듦이다 나름
대로 내린 정의다 나는 딸에게 자신있게 말할
수 있었을까 딸은 거부감 없이 잘 알아들었을
까 놓을 수도 들 수도 없는 애매한 갈등이 빛
바랜 가을색으로 가라앉는 아침.

4부

백목련은

창백히 몸살 앓고 있구나
사랑한단 말 차마 쓰지 못하고
파래진 입술만 떨고 있구나
봄날의 유혹도 바람 속에 밀어넣고
하늘색 풍경을 키우고 있구나

살아온 세월의 무게
꽃잎에 띄우고
빛만큼 교교하던 지난날
말 없는 향으로 피워내고 있구나
설렘은 아름다운 내일을 부르고
울림은 행복한 오늘을 느끼는 것

강산 같은 사연들
저만 아는 글씨로 쓰고 또 쓰며
긴 하루를 책장처럼 넘기고 있구나

백목련 · 2

봄날의 의식처럼
연미복 차려 입었습니다
환해도 눈 찌르지 않는 봄 햇살
소복이 담았습니다

햇발이 두런거립니다
황홀한 초대에 나는
바람 불어도 꺼지지 않을
등불 하나 마련합니다.

매실청을 담다

가득한 친구 냄새, 택배로 왔다
공해 없이 자랐다고 친구처럼 웃는 매실

살 밥 좋은 놈들을 골라 청을 담는다
반달로 곱게 저며 씨 발라내고
매실만큼의 설탕을 설법처럼 다독이며
아늑한 토굴에 모신다
백일기도 잠잠이 들면
까칠한 성질 숨이 죽을까
설익은 그 눈길 절이 삭을까

백일기도 끝나
토굴문 열고 조심조심 살펴본다
욕심조차 무던히도 삭였구나
안이비설신의眼耳鼻舌身意 다 내어 주었구나
달짝지근한 향이 세상을 아우른다

정의인 척 쏘다가 번번이 후회하고
뒷감당이 어려워 혼자서 애태우고
몇 강산을 삭였어도 숙성되지 못한 나

이제라도 두문불출 토굴에 들어 보면
그처럼 순한 맛 그득하게 차오를까
단내 밴 이웃들 담장을 허물까

갈등 중

기도하는 제단에 모기가 앉았다
잡아야 하는데
잡으려니 살생이고 두자니 희생이다

좋은 방법 없을까
스님께 여쭈었더니
좋은 곳에 환생하라 기도하고 잡으면 된단다

갈등 푸는 법 이리도 간단한데
아무래도 이현령비현령耳懸鈴鼻懸鈴인 것 같아
나는 여전히 갈등 중이다.

배턴터치?*

노랑 꽃등 켠 봄꽃들
초록에게 순순한 뒷자리를 내어준다
이제 세상은
초록 향기로 가득하겠다

선거유세 노래가 우울한 봄꽃으로 휘날린다
1번 2번 3번…….
얼굴 없는 숫자들
향기 없는 후렴들
세상을 배턴터치할 거란다
누릿한 봄을 싱그러운 초록으로 바꿀 거란다

믿어도 될까
싱그러운 초록 세상 만들 사람
? ? ? ? ?
답안지 작성이 너무 어렵다.

※ 4.13(2016) 선거를 앞두고

태풍 속 풍류객

칠월 초사흘 병술년 반이 익던 날
아쉬운 자락에서 문수필담 번개팅
태풍 쁘라삐룬은 대숲에서 기세등등한데
더 기센 사람들 만회정*에 모였다

막걸리 기운에 저문 이야기들 안주되고
드센 바람에 정분 더 깊어졌었지

강물도 바랜 세월 씻어 흐르고
우리 세월도 그렇게 흘려보내며
태풍 속 한나절 풍류객 되어 보았지

나는 그날 빗방울의 수만큼 꼭 그만큼
사랑한다 말 전하고 싶은 사람 없나
주책없는 욕심을 내고

* 울산 태화강 십리대숲에 있는 정자

無맛 후렴

시장 좁은 길, 채소 난전
대낮에 119 구급대가 눈에 불을 켠 채
막고 있다
강경 젓갈 강동 댁
고추 갈다가 손가락도 함께 갈았단다
구급대원 손에 불이 나게 후벼도
손가락은 못 찾았다고

시장통 사람들 남의 일 같지 않다며
걱정이 태산이다
양념 없는 강동 댁 내일은 無맛이겠다고
그녀 낯선 휴가도 無맛이겠다고
無맛 후렴들 시장바닥 가득하다

아직 손가락 남은 우리
날마다 有 맛이어야 하는데,

내것, 네것

지구 한 자락이 크게 흔들렸다
2016년 9월 12일 경주 지진
우리는 부인하고 싶어 애써 도리질했다

새벽을 흔들고 간 자동차 매연
산자락에 버려진 소주병, 일회용품들
내가 아니라며 외면한다

높은 사람들 치켜세운 손가락
집게손가락은 너를 향한 것
엄지손가락만 내 것이라고
부끄러운 내 것이라도 그저 내 것이면 된단다

'아니다'에 친해지면
경주 지진보다 더 무서운 영란이가
지축을 사방 흔들지도 모른다
우리, 부끄럽지 않은 내 것으로
진정한 나의 주인이 되었으면

충의사에서 묻다
- 남구문학회 문학기행

충의사는 자목련 옷고름 서둘러 풀어
홍의 입은 곽재우 장군 앞세워 우리를 맞는다

말 달리는 기상, 애국비는 뒤뜰을 지키고
나라사랑 절개가 오죽烏竹으로 하늘까지 뻗어
죽어서도 나라 걱정
오죽병정들 횡대로 사열해 놓고
바람으로 쏴쏴 진두지휘하고 있다
스스로 묻는다
나라 사랑 제대로 하고 있는가
겸연쩍은 나는 일붕사 동굴법당에서
백팔 배 백팔 염주 돌리며
뒤늦은 나라 안녕을 빈다.

의령을 찾아

- 남구문학회 문학기행

우리나라 최대 갑부가
셋이나 나온 땅
돈뭉치 바윗돌이
병풍처럼 둘러싼 호암_* 뒤뜰
그 틈새로 흐르는 물
세월 지나도 마르지 않는단다
샘물로 솟아나는 돈다발
그 물 한 움큼 몰래 훔쳐
주머니에 담아본다

남강의 숨결이 흐르는 정암바위**로 간다
이십 리 안엔 반드시
재벌이 난다고,
행여 그 기운 받으려나
바람 한 움큼
심연 속에 모셔 보고
따가운 햇살도
더 붉게 익혀 본다

돌아오는 길
나에겐 먼 당신 '돈과 글'은 아득한데
선진국에선 정치인 누구를 아는 것보다
릴케나 톨스토이 아는 이를 더 쳐 준다는
돌림 인사말 중
한 회원의 말에 행복해져 본다.

* 삼성그룹 창업주 이병철 회장의 호

** 정암바위 20리 내력
- 8㎞인 의령군 정곡면 중교리에서 삼성그룹 창업주 호암 이병
  철 회장
- 5㎞인 함안군 군북면 동촌리에 효성그룹 창업주 조홍제 회장
- 7㎞인 진주시 지수면 승산리에 LG그룹 창업주 구인회 회장
세분이 태어남

생애 최고의 행복

- 문해교육 글사랑 학교

칠팔순 늦깎이 어린이들
글 사랑 교실에 꽃으로 만발했다

분이는 공책에 글자들 비뚤비뚤 심어놓고
숙이는 가짜 졸업장으로
남편을 50년이나 속였다고
먼 길 간 남편 꿈에라도 오면
용서편지 읽겠단다
복이는 글공부 하는 공책 며느리에게 들켰다고
낯 뜨거워 죽겠다며 엄살이시다

고만고만한 어른아이들
하하 호호 까막눈 형광등보다 밝아졌다
개구진 웃음 교실을 들썩인다

새파랗던 새댁 시절도
아이들 주렁주렁 매달던 젊은 날도
다시 돌아가기 싫단다
글자를 알며 세상을 알아가는 지금
참 사람으로 살고 있다고

잠재운 세월자락 일궈
시를 써서 시화전을 열던 날
당신이 주인공 되었다고
인생에서 제일 행복한 날이라고
둥실둥실 전설 같은 춤을 추신다

어여쁜 문학소녀들
인생에서 제일 행복한 꽃으로 피었던 날
세상에서 가장 아름다운 시가 되었다.

세월을 달래다

까마득한 세월 먼 이야기였으면 좋겠다
2014년 4월 16일 9시 40분
진도 팽목항 앞바다
푸른 꿈을 싸늘히 식힌 촌음의 시간
찰나가 억겁의 세월을 만들고

못다 핀 송이송이
바다 물빛 시퍼런 절규 속에 떠다닌다
삼백삼십 영혼
영면을 비는 마음이 세월호 무게다

마주보는 눈빛에 세월을 달래어
구겨진 세월을 바로 펴는 일
가라앉은 세월을 뜨게 하는 일
그것이 못다 한 영혼에 대한 작은 예의다
이제 세월호의 세월은 없어야 하기에
여실한 내 이야기, 우리들의 이야기이기에

정월대보름, 어머니 생각

어머니는 까맣게 이른 새벽을 깨워 오곡밥에 오색나물 상 차려 치성을 올리셨지요 "큰 아들 ○○ 남의 눈에 꽃이 되고 잎이 되고 말소리는 향내 되고 웃음소리는 물레로 번지고⋯."

조왕신에서 삼신할매까지 이어집니다 치성을 끝낸 어머닌 밥상 앞에서 우리에게 주문을 합니다 "보름 오곡밥 첫술은 김에 싸서 먹어야 꿩알을 줍는다"고 그 주문 한 번도 어기지 않았는데 한 번도 줍지 못한 꿩알, 그 보름 숫자만큼 어머니 주문은 엉터리였지요

오늘 정월 대보름, 오곡밥에 오색나물 상 차려 어머니 흉내를 냅니다 "아들 ○○ 남의 눈에 꽃이 되고 잎이 되고" 보는 이도 없는데 말은 입안에서 맴돌고 혼자서 쑥스럽습니다 당신의 축원, 내가 흉내 내기엔 어림도 없네요 그 축원이 반백년을 거슬러 나에게 이어졌네요 내 편이 되어 줄 아들 하나, 딸 둘은 내가 주운 꿩알, 어머니 주문이 엉터리가 아니었네요

이제 내가 그 꿩알들 잘 부화시킬 차례, 어머니 축원이 내 꿩알에 이어지도록 힘주어 다시 흉내를 내어 봅니다 "아들○○ 딸○○ ○○ 남의 눈에 꽃이 되고 잎이 되고 말소리는 향내 되고 웃음소리는 물레로 번지고…

5부

숲, 햇살을 읽다

눈물도 죄가 되는 날이 있습니다
그런 날은 숲으로 갑니다
숲은 햇살이 쏟아내는 언어를 읽고
나는 그 언어를 받아 씁니다
울어라, 울고 싶으면 실컷 울어라
그곳에서는 눈물이 죄가 되지 않습니다
햇살을 한껏 들이켰다 뱉으면 숲은 또
'이것 또한 지나가리라'
솔로몬의 말씀을 조용히 들려주고
나는 그 말씀도 또박또박 받아 씁니다

숲은 햇살언어를 참 편안하게 읽어 줍니다
그곳에서 눈물은
온종일 죄가 되지 않았습니다.

독백, 밤을 건너다

초저녁 잠을 자고 나니 혼자다

텔레비전은 독백으로 밤을 지키고 있다

방문을 열고 나간다

마루에 불빛이 살아 있다

마루 결에 햇빛 같은 불빛이 일렁이고 있다

초저녁 켜두었던 컴퓨터도 살아 있다

눈물겹게 고맙다, 죽지 않고 살아 있는

불빛이, 살아 있는 컴퓨터가

독백하는 내 가슴이 다시 뜨거워진다

아, 나도 살아 있구나

고운 물색도 가슴 시려

-天池에서

반만년 맥으로 뛰고 있는 백두산
반쪽은 장백산이란 이름 달고 있어
지름길 앞에 두고
애돌아 올라가는 길

1442계단 밟고 올라
평생 그리던 그대를 보니
하늘과 땅의 정수
옥색만 골라 담은 당신의 자태
흰빛 순결을 삭인
대한의 혼으로 빚어낸 빛입니다

육십여 년이나 물길을 갈라놓은
참 못난 우리
당신의 그 고운 물색도 가슴 시려
차마 웃지도 못합니다

그대를 두고 오는 길
슬픔 어롱진 장백산을 지우고
열혈한 백두산 이름으로 불리는 날

낮은 맥박 곧추 세워 맞으렵니다

티 없는 하늘 한 자락에
몸과 마음으로 새겨 본 이름
우리의 백두산.

두만강, 그 선을 넘지 못하고

두만강 푸른 물은 물결만 출렁이고
주인처럼 흐르는 붉은 강물
노 젓는 뱃사공은
강 자락에 휩싸였는지 보이지 않는다

서리처럼 차가운 경계선
서러운 그림자 달빛이 울고
역사는 붉게 흘러 할 말을 잃고
네 얼굴 빤히 보이지만
선을 넘지 못한 밤은 입을 다문다

갈대만이 잎새로 말하고 있다
이제는
초콜릿 같은 입발림 아닌
오래 두어도 변치 않을
통일 선물 들고 오란다

두만강 푸른 물에
갈대는 여전히 임을 그리고
세월은 또 그렇게 스러진다고

우리 그날
갈대의 잎새말 숙제처럼 새기며
대한의 사람으로 고개 크게 끄덕이고
두만강에 흐르는 그 말씀들
남녘의 다짐으로 담아 왔었다.

나를 실험하다

- 천둥 번개 속에서

그는 복면을 쓰고 칠흑의 밤에만 찾아옵니다
꼭꼭 잠근 문도 무사통과한 그는
찰나의 목숨 잡고 빛살 검도를 휘두르다가
부릅뜬 눈으로 엄포총 난사합니다
속수무책 나는
번개 치는 수만큼 겁먹고
천둥 우는 수만큼 떨고
밤새 그들은 그렇게 나를 실험합니다
얼마나 견디나?
어떻게 견디나?

아침은 시침을 뚝 뗍니다
청순하도록 말간 햇빛입니다
그 앞에서 내 변명은 한순간에 엄살이 됩니다
저렇게 맑은 햇살인데
간밤 횡포를 누가 믿을까요
가엾은 내 말은 허공을 떠다닙니다

이 아침
사람들은 밝은 것을

그리고 평화를 좋아한다는 걸 알았습니다
나를 무섭게 실험했던 이유였네요.

두 몫으로 사랑한다

아들아 딸아
오늘이 벌써 섣달 초엿새
또 한 해를 넘기구나
그동안 최선을 다했다 싶었는데
왜 이리 부족한 것만 가득한지
아빠가 떠나신 후
우린 그 빈자리에 무언가를 채워야 했고
가슴으론 울면서 눈으로는 웃었지
그러나 눈물은 한 번쯤 세상이 봐 준다지만
그 이상은 곤란하다는 것
몰랐으면 좋았을 일들을
너희들은 너무 일찍 알았구나
이제 우리 그것들을 조금씩 내려놓자
밖에서 세게 두드려도 깨지지 않는
두드릴수록 더 단단해지려던 그것 말이다

아빠에게 너희들은 내일의 튼실한 씨앗이었듯
나에게는 오늘의 아름다운 꽃이란다
부디 오늘도 나른하지 말거라
새해에는 더 아름다운 꽃이 될 테니

새물내 머금은 향이 될 테니
그러면 하늘 어디쯤에서 "너희들 참 장하구나"
그 너털웃음 같은 칭찬 내려 주시지 않겠니
나도 오늘 아침에는 맨정신으로
크게 웃고 싶다
사랑한다 두 몫으로 사랑한다.

2015.12.06. 일요일 아침에

한 설움 삭여
– 간월산 억새

한 설움 삭이며
운무의 집적임도 버티어내더니
구멍 숭숭 허연 가슴만 남았구나
구절초 느긋한 가슴에 기대어 보시게
쑥부쟁이 그윽한 웃음에 가슴 열어 보시게
억새여, 억새여, 그 이름값으로 살다 보면
억세게 좋은 날도 있을지 모를 일
오늘도 하늘은 푸른데
바람은 그 웃음처럼 순한데
구절초, 쑥부쟁이 맑은 가슴만 기억하시게
그래도 기어이 봄은 올 테니

가슴에 글을 쓰다

가슴에 글을 쓸 때가 있다
자세히 보면
내 얼굴에 그 글이 쓰여 있는데
아무도 모른다, 아무도 못 읽는다
들키면 안 되는데
가끔씩 들키고 싶을 때가 있다

거울을 보고 지우려들면
그 마음까지 더해
가슴에 쓰는 글은 늘어만 간다
이건 내가 만든 것
내가 다듬어야 하는데
아프지 않게 다듬어야 하는데
여전히 나에게 자신 없는 나는
오늘도 미완성 그대로다.

미련 없는 대답

문자 메시지가 왔다

그동안 잘 지내고 있나요
예

보고 싶습니다.
오늘도 좋은 하루 되세요
예

내일은 시 공부 있습니다
오후 늦게
예

관악산 등산을 왔습니다
봄꽃이 만발했네요
그곳 소식 궁금합니다
예

단문에도 장문에도
그저 '예'로 답하고 나면

실수가 없다
미련도 없다

나만이 누리는 여운
너만이 누리는 상상이 있을 뿐.

없는 번호

간밤에 주차한 자동차 어디 있니?
동그란 키 살짝 누르면
벙글벙글 웃으면서 대답한다

저녁 준비에 쫓기다 무심코 둔 휴대폰
어디 두었더라?
집 전화기로 부르면
뻐꾹뻐꾹 노래하며 대답한다

휴대폰 단축 번호 1번 꾹 누르면
'이 번호는 없는 번호입니다
확인하고 다시 걸어 주시기 바랍니다'
깍쟁이 아가씨는 애매한 대답을 한다
두세 번 꾹꾹 눌러도 같은 대답이다
어떻게 확인해야 하나?
없는 번호라는데, 없는 번호라는데,

이팝꽃 사연

그리움 하얗게 매달았습니다
아까시 꽃으로 왔다가
이팝 꽃으로 간 그대

아까시 가로수길
떨리던 손 마주잡던 오월의 그 날
그대 향한 강물의 시작이었다는 걸
이팝꽃 피는 계절 그대 보내고야 알았습니다

차마 '사랑한다' 말 못하던 당신
가는 길에서도 그 말 쑥스러워
하얀 꽃 피는 계절 골라 가셨네요

나 미처 하지 못한 말
이팝꽃 송이송이에 새겨 넣으면
연서인 양 그대 읽어 줄까요
'사랑한다' 답장 한 줄 써 줄까요

울음과 노래 사이

뻐꾸기가 노래한다고
뻐꾸기가 운다고
사람들은 저마다 제 마음으로 듣는다

안개비 뿌리는 날
너는 더 신명나게 노래하고
나는 애절한 너의 울음을 듣고
숨바꼭질 셈으로
뻐꾹 하나, 뻐꾹 둘 노래하여도
너는 분명 울고 있었어
이슬처럼 투명하지 못한 내가
세상에게 보내는 투정인지 모르지만
너는 노래하지 않고 처절히 울고 있었어

네 울음이 나에게 노래가 되는 날
뻐꾹뻐꾹 네 절제된 장단으로
한판 춤이라도 추고 싶구나
그러면 나도
속부터 맑아질 것 같은데
그날 그때로 돌아갈 것 같은데

콤플렉스를 지우다

학창시절 조회시간, 교장선생님은 '열심히 공부해서 금자탑을 쌓으라'고 내 이름을 자주 읊었다 그런 날은 "금자야 너만 잘해서 탑을 쌓으면 돼" 친구들의 놀림에 생각 없이 지은 이름이라고 부모님을 원망했다.

선생이 되어 영재아이들을 인솔해 중국 자금성을 관람하면서 더위에 지친 아이들에게 농을 했다 "내 성城에 왔으니 마음 놓고 실컷 구경하라"고, 아이들 눈이 동그랗다 무슨 말씀이냐고? 내 이름을 뒤에서부터 천천히 읊어 보라고 했다 '자금서' 끝 글자 서에 이응만 붙이면 '자금성'이 된다는 내 말에 까르르 웃고 난 아이들 더위가 한 방에 날아 갔단다 그날 내 오랜 콤플렉스도 자금성 궁전 위로 날려 보냈다.

이름값 몰랐던 나, 이제 내 이름을 사랑하기로 했다 '자야' 어머니가 내 이름 다정하게 부르며 하늘 저편에서 환하게 웃고 계신다.

6부

장마, 그 깊은 안식

장마가 오면 나는 온전한 공주가 되었다
엄마는 방앗잎 부추장떡
쌉쌀한 향 푸지게 구워내시고
나는 방바닥에 배 깔고
간 밴 책갈피 맛깔나게 넘겼지
당신의 손맛을 동화처럼 오물거리며
알프스 소녀, 빨강머리 앤과 손잡고
무지개 타고 하늘을 오르며
곳곳에 라임나무를 심었지

나 엄마가 되어 보니
비 온 날은 축축한 옷가지 걱정이고
미끄러운 출근길도 걱정이고
그 곱던 무지개도 그냥 무심하고

눅눅한 하루도 행복이라 여기셨던
참 지혜로운 우리들의 어머니
당신들의 딸이었던 우린 참행복을 알고 있지

컴퓨터를 떠날 수 없는 우리 아이들
그런 하루가 있는 줄이나 알까
우리는 지혜로운 엄마가 될 기회조차
잃고 사는가

그 가을꽃들

- 울 여정* 가을여행

가을이 홍시처럼 익어가던 날
'울 여정 가을여행'
버스는 번쩍이는 이름표를 달았다

보경사 뒷길
내연산은 미리 온 가을로 수군거리고
칠순을 바라보는 근엄한 여인들
주름잡던 한때를 냉수처럼 꺼내 마시며
행복한 산행을 한다

두 줄 악보에 부서지듯 하나 되는 내연쌍폭포가
'우린 본래 하나'라고 직언을 쏟아낸다
숙제 같은 그 말에 선생님으로 고개 끄덕이다가
우리 일 아닌 척 먼 산을 보다가
내연산 봄 버무린 밥상을 마주했지

경북 수목원으로 발길을 돌려
가을을 날리다가 가을이 되었다가
깔깔깔 웃음에도 단풍물이 들었다가
꽃 시절 잠깐인데 단풍은 들수록 고와진다고
누군가는 주워 책갈피에 모시기도 한다고
노을 붉은 청춘 뒤로 가을 햇살이 따사로웠지

울타리 밖에선 그저 민망한 교장으로
나 아닌 듯 낯설어서 눈치를 살핀다고
울타리 안 이곳에선 푸짐한 자랑인데,
그날 우린
김 교장 이 교장 큰 소리로 호명하며
화창한 지난날로 달려갔다
교장으로 푸근하게 웃던 날
하루해가 못내 짧았었지

돌아오는 버스에서
"책갈피에 모셔질 고운 단풍 되자"
한 교장의 말에 모두 "이하 동문"
손가락 걸지도 않고 바람 불어도 흔들리지 않을
굳은 약속을 했었지
그날 우린 모처럼 환히 핀 꽃이었지
우리끼리만 통하는

* 울산에서 초등에 근무한 여자 관리자(교육장. 장학관, 교장)
모임

잠들지 않은 눈꽃으로

한가로운 눈발이
바빴던 한 해를 배웅합니다

겨울을 입은 측백나무
겨울을 벗는 산수유
감탄사는 모두 눈사람으로 녹아듭니다

하얀 햇살 흩날립니다
가라앉은 추억들 반짝반짝 몰고와
풀어지는 이야기에 재잘재잘 보탭니다
그 살아낸 언어들
하얀 그리움도 피우고
연분홍, 연초록꽃도 피우겠지요

내일은 티 없는 새 날
티 없이 살아갈 한 살이 느는 날
하늘은 잠들지 않은 눈꽃으로
밤잠을 설칩니다.

햇살이 말하고 있다

우주의 빛 둥글게 둥글게 모아
수평선에서 태어나는 정유년 새해 아침
까마득한 시간을 품고도 저렇게 온전한 원만圓滿
이 아침 그의 말을 듣는다

밀어낸 시간들 불러 모아
어울렁 더울렁 어깨 겯고 살라고
어제도 아니고 내일도 아닌 오늘로 살라고

오늘로 사는 것
정월 초하룻날 마음, 섣달그믐까지 쭈욱
잘 갈 수 있을까

그래도 오늘은 새해 아침
시작이 반이다.

마지막 치마폭 앞에서

- 2016년을 보내며

열두 폭 치마 곱게 두르고 오셨습니다
재간둥이 원숭이 앞세워
365개 낟알들 보석 알로 품고서

새털 같은 나닐이라고
이불 속 시간이 조금 길었을 뿐인데
오늘 당신은 치마 달랑 한 폭
새김말로 남았습니다

벼르기만 한 짧은 시간
보석 같은 보석 찾지 못했다고
스스로를 꾸짖다가
마지막 치마폭 앞에서 깨닫습니다
창 너머로 보이는 바다 빛 하늘
'아름답다' 말할 수 있는 오늘이
들숨날숨 고르게 풀어
내 시에 초대할 수 있는 오늘이
순도 높은 보석이었다는 것을
무사한 오늘이 귀한 보석이었네요

당신을 보내며
긴긴 날 뜸 들여 숙성한 오늘을
내일은 진미로 만들 거라고
엉터리없는 약속을 다시 해 봅니다

당신과 함께 짠 세월
감사다발꽃으로 가꾸겠습니다
되돌아보는 가슴으로 당신을 보냅니다
욕 같았던 이름으로 마음고생도 심했지요
잘 가세요 병신년 당신.

잠을 놓치다

초저녁부터 쏟아지는 잠, 저만치 던져 둔다
다듬지 못한 생선 잘 씻어 물기 빼고
냉동실에 넣고 나니 자정을 넘었다

몰려오던 잠 어딜 갔나
이불 곱게 깔아 기다려도 오시지 않는다
저도 알았구나 푸대접한 걸
새벽까지 기다려도 끝내 오시지 않고

'있을 때 잘 해'
흔한 노랫말이 그냥 생긴 게 아니었네
오실 때 버선발로 맞았어야 했는데

다시 배운다

둥그러지지 못한 바위
주전 앞바다에 유난히 많다
파도에 칼을 갈아
비의 갈피갈피 세심히 지켜본다

파도가 장난처럼 바위를 툭툭 치고
물보라를 일으켜 뒤통수를 때리기도 한다
살면서 뒤통수 맞던 날 좀 많았던가
그저 참아야지
마냥 둥그러지고 싶지만
버럭 화를 내는 파도 앞에 각을 세울 수밖에
버릇없는 파도 앞에 칼날이 될 수밖에

거언미 내언미去言美 來言美*
그 흔한 진리를
주전 바다에서 다시 배운다.

* 去言美 來言美 - 가는 말이 고와야 오는 말이 곱다

최고의 시간, 최고의 공간
-화장실

민낯이어도 최고가 되는 곳
더럽다고 찌푸리면서도
날마다 짜릿한 밀회를 즐기는 곳

비운 만큼 채우려는
내 속물근성 되돌아보는 참회의 공간
어제의 허물을 벗고
견고한 오늘의 알을 품기 위해
반복되는 일기를 쓰는 내 공부방

나에게 이만한 곳 또 있을까
오늘도 나는 아무도 모르게
그곳을 기웃거린다.

간절곶에서 비손

한반도에서 해가 제일 먼저 뜬다는 간절곶
바다는 검푸른 융단을 깔아 해산 준비를 하고
파도는 산파 손놀림에 분주하다
양수라도 터진 듯 수평선은 핏물이 흥건하다

입김으로 녹여낸 긴 기다림 끝에
드디어 첫울음
바늘 끝 날카로운 섬광
빨간 정수리 황금빛 둥근 얼굴
새해의 탄생이다

날마다 떠오르는 하루
가지 모두 꽃이 되고 잎이 되고
말소리는 향이 되기를
간절곶에서 간절히 빌고 있는 손 안에서
소원 한 줌 은빛으로 비상하고 있다

바람 부는 이유

선물처럼 날아온 꽃 사월
바람은 세무원처럼 꽃잎 죄다 거두어 간다
떨어지는 건 다시 태어나기 위한 것
바람이 부는 건 새로운 것 몰아오기 위한 것
낙화도 슬퍼하지 않아야 하는 이유다
바람도 가슴 풀어 반겨야 하는 이유다.

러시아 문학 기행 · 2

예순 세월, 그 길이로 날아간 하늘
책에서 배운 붉은 소련은
연둣빛 러시아로 서 있었다
'울산문인협회 러시아 기행'
공항에서 잠시 쉬며 서로를 소개하다가
58년 전 그 아이를 곱게 나이 든 그로 만났다
초등학교 2학년 학예회 연극 때
그는 '봄의 여신' 주인공 왕자 역을
나는 조연 개나리 역을 맡았다
금관이 잘 어울렸던 그 아이
한 번씩 궁금했었는데
강산이 여섯 번 바뀐 지점, 꿈같은 해후

저녁상 자리에서 회원들 장난기 담아 추카추카
추카에 붉어진 그가 갑자기
내 이름 삼행시를 읊는다
서 : 서서히 좋아지려 했는데
금 : 금방 좋아지겠다
자 : 자식! 이런 소리 들어도 겁나지도 않겠다

나보고 화답시를 하란다
얼떨떨한 한 채로 화답을 했다
서 : 서서히 좋아진다 했는데
태 : 태엽 감기듯 조여 오는 건
일 : 일편단심 그 마음 아닐까
회원들의 웃음, 함께 즐겁다

기행 마지막 날 반성회
'문학기행'을 넣어 사행시를 지어 보란다
이번엔 내가 먼저 읊었다
문 : 문학기행 온 러시아
학 : 학창시절 초등 2학년 그 왕자를 만난 것
기 : 기적은 바로 이런 거
행 : 행복! 이 시간 내내 잡고 싶은데
그의 화답시가 날아온다
문 : 문제였습니다.
학 : 학창시절 그 아이를 만난 거
기 : 기쁩니다 억수로
행 : 행복합니다 그러나

저녁 후 술 자리에서 그 왕자
동기 서진실에게 카톡으로 자랑했는데 답신이
왔단다
서태일, 서금자, 서진실
'우리는 일가다 손 까딱해서도 안 된데이 알아
서 해라'
술자리가 맛깔나게 익고 있었다

러시아 하늘만큼 가깝고도 먼 세월
기적 같은 시간
가슴에 따뜻한 시 한 줄이 살아나고 있었다.

연등, 낮달로 뜨다

때 묻은 마음들 매달려 있다
함께 흔들리고 함께 바래지면
새로운 아침으로 필까

젊은 날의 애착 같은 자동차의 바쁜 구호
그들이 쏟아내는 캄캄한 하소연을 들으며
내일은 달달한 바람이라도 되어 달라고
낮밤 흔들어 소원도 했다

길 위에서
몸으로 말하는 말씀을 듣는다
손잡으면 보인다고
한 방향이면 들린다고

낮달이 된 연등
귀로 말하고 입으로 들으며
버겁던 어제, 바람에 지우고 있다.

안부를 묻다

- 장학모니터* 연수

숲향 절정인 함양 상림 숲길 지나
병풍으로 펼쳐진 연꽃밭
키만 멀쭉,
꽃이 덜 예쁜 연꽃을 책망하며
우리가 차라리 연꽃이고 싶다고 허세를 부렸지
최 참판 댁을 향한 뙤약볕 행군
박경리의 토지가 준엄한 미소로 반겼다
악양초등 운동장은 잔디가 유난히 반짝였고
꽃보다 더 고운 꽃 이름,
금송을 보았지
아른아른 비 내리는 오작교 거닐며
이도령 춘향 사랑 아리게 살려도 보고
도통초등 시청각실에서 더위 식히며
아득한 도를 통해도 보고

강산이 한 번 더 바뀐 오늘
사진으로 메모로 순간을 남기려던
애틋한 그날들
마치 오늘처럼 다가온다

그대들 잘 있는가
이 여름 상림 숲길 지나 그날처럼
연꽃으로 피고 싶지 않은가

* 효율적인 학교 운영을 위한 연구분과
- 2007년 9월 여름방학 장학모니터 연수회에 다녀와서 써 두
  었던 글을 다시 다듬다(당시 지도간사로 참여하다)

서금자 시집 『나팔꽃 고집』 발문

생애 최고의 행복을 누리는 시인의 자화상

임 병 호

(시인, 《한국시학》 발행인)

1. 시(詩)의 묘미 깊은 선명한 삶 발자취

서금자 시인의 시집 『나팔꽃 고집』의 작품들은 '시는 삶이다', '시는 희망이다'라는 말을 순정하게 내보인다. 시의 묘미가 깊다.

반세기 가까운 교직 생활을 끝내고 첫 시집에 이어 5개월 만에 두 번째 시집을 상재하는 것은 놀라운 일이다. 그동안 시를 자신의 삶으로, 자신의 희망으로, 또 자신의 추억으로 반추하며 살아 온 선명한 발자취다.

무릇 시는 함께 가는 것이지, 자기만 아는 길로 혼자 가는 게 아니다. 시는 사람의 말을 가장 사람답게 쓰는 것, 곧 인간 언어에 대한 가장 아름다운 답례품으로서 궁극적으로는 '영혼의 노래'가 되어야 한다. 따라서 모든 시에

는 그 시인만의 영혼의 지문이 찍혀 있어야
한다.

　서금자 시인의 시 특징은 잘 읽힌다는 점이
다. 잘 읽힌다는 것은 취택된 소재의 내용들
이 그만의 '쉽게 쓰기'의 형식에 잘 용해되어
있기 때문이다. '쉽게 쓰기'는 물론 쓰는 행위
의 '쉬움'이 아니라 쓰는 방법의 '쉬움'을 말한
다.

　바꿔 말하면 난해성의 배제다. 쉬운 시는
결코 쉬운 시가 아니다. 거기에는 항상 깊이
와 높이의 어려움이 있는 것이다. '쉬운 시 쓰
기가 더 어렵다'는 뜻이다.

　『나팔꽃 고집』에 실린 작품들이 그러하다.
어려운 어휘, 난해한 구문이 안 보인다. 그렇
다고 쉬운 주제는 아니다. '사랑'은 그리움이
나 외로운 영혼의 내공을 통해서만 그윽함을
더해 갈 수 있다는 인생의 교훈이기 때문이
다.

　　잠시만 쉬어 가시지요, 당신
　　사랑한다는 말 하지 않아도 됩니다
　　다 못한 이야기 남았거든
　　떡갈잎에 이별인사 한 줄만 새겨놓고 가시지요
　　설렘이던 홍안이 검버섯 가득한 걸 보면
　　그동안 제가 많이 힘들게 했나 봅니다

끝없는 욕심 채울 수 없어 투정부린 것 알고
있답니다
밋밋한 삶은 싫었거든요
힘든 순간이 성숙을 만든다는 걸 알았으니까요

베란다 문으로 들어온 바람이
당신의 이별을 살짝 귀띔해 주더군요
이제 떠나는 당신 앞에서 진실해지려 합니다
당신이 남겨둔 갈참나무 잎에
이제 제가 먼저 연서를 쓰렵니다
답장은 안 하셔도 됩니다
무소식이 희소식이란 걸 알고 있으니까요
다만 내년에도 입추 말복 지나는 날
고추잠자리 꼬리 글씨로
답장연서를 쓰도록만 해 주세요
잊는 걸 밥 먹듯 하는 나는
새 달력이 오면 '입추, 말복'에
파란색 동그라미 제일 먼저 그려 놓겠습니다
잘 가세요 가을, 안녕을 빌게요
　　　　　　- 「가을에게 · 2」 전문

그리움 하얗게 매달았습니다
아까시 꽃으로 왔다가
이팝꽃으로 간 그대

아까시 가로수길
떨리던 손 마주 잡던 오월의 그날
그대 향한 강물의 시작이었다는 걸

이팝꽃 피는 계절 그대 보내고야 알았습니다

차마 '사랑한다' 말 못하던 당신
가는 길에서도 그 말 쑥스러워
하얀 꽃 피는 계절 골라 가셨네요

나 미처 하지 못한 말
이팝꽃 송이송이에 새겨 넣으면
연서인양 그대 읽어 줄까요
 '사랑한다' 답장 한 줄 써 줄까요

                    - 「이팝꽃 사연」 전문

아들아 딸아
오늘이 벌써 섣달 초엿새, 또 한 해를 넘기구나
그동안 최선을 다했다 싶었는데
왜 이리 부족한 것만 가득한지
아빠가 떠나신 후
우린 그 빈자리에 무언가를 채워야 했고
가슴으론 울면서 눈으로는 웃었지
그러나 눈물은 한 번쯤 세상이 봐 준다지만
그 이상은 곤란하다는 것
몰랐으면 좋았을 일들을 너희들은 너무 일찍
알았구나
이제 우리 그것들을 조금씩 내려 놓자
밖에서 세게 두드려도 깨지지 않는
두드릴수록 더 단단해지려던 그것 말이다

아빠에게 너희들은 내일의 튼실한 씨앗이었듯
나에게는 오늘의 아름다운 꽃이란다
부디 오늘도 나른하지 말거라
새해에는 더 아름다운 꽃이 될 테니
새물내 머금은 향이 될 테니
그러면 하늘 어디쯤에서 "너희들 참 장하구나"
그 너털웃음 같은 칭찬 내려 주시지 않겠니
나도 오늘 아침에는 맨 정신으로 크게 웃고
싶다
사랑한다 두 몫으로 사랑한다

－「두 몫으로 사랑한다」 전문

　　「가을에게 · 2」「이팝꽃 사연」「두 몫으로
사랑한다」의 일련의 작품은 첫 시집 『숨결,
바람꽃으로 피다』의 손수여 시인 발문跋文을
떠오르게 한다. 손수여 시인은 "별리의 고통을
극복한 것이 아니라 가족애로 견뎌낸 현대판
열녀전을 일구었다. 강산이 변한 세월이지만
빛깔과 무늬만 다를 뿐 사랑에 무게를 싣고
중심을 잃지 않는다. 전편을 통하여 사랑의
끈을 놓지 않는, 그래서 가슴에 맺힌 응어리
진 한恨이 봄날 해동이 되듯 풀어져 나온 통곡
이요, 소리 없는 절규이다. 이 절규는 섬세하
고 젖은듯하면서도 튀는 듯한 감성으로 사랑
과 연민, 기다림과 그리움을 진솔하게 펼친

서정적 낭만으로의 회귀이다."라고 명징하게
해설했다.

그렇다. 서금자 시인의 시는 많은 사람들의
심금을 그리움으로 적신다.

2. 독자들의 마음을 사로잡는 다양한 시세계

다양한 시세계는 서금자 시인의 작품을 더
욱 돋보이게 한다. 자연 현상을 사유思惟 깊게
시화詩化하여 독자들의 마음을 사로잡는다. 자
연과 대화하면서 이야기를 엮는다. 고향과 계
절을 노래한 시, 그리고 추억 깊은 기행시들
은 서금자 시인의 시력詩歷을 절묘하게 펼친
다. 그래서 신선하다.

눈물도 죄가 되는 날이 있습니다
그런 날은 숲으로 갑니다
숲은 햇살이 쏟아내는 언어를 읽고
나는 그 언어를 받아씁니다
울어라, 울고 싶으면 실컷 울어라
그곳에서는 눈물이 죄가 되지 않습니다
햇살을 한껏 들이켰다 뱉으면 숲은 또
'이것 또한 지나가거라'
솔로몬의 말씀을 조용히 들려주고
나는 그 말씀도 또박또박 받아 씁니다

숲은 햇살언어를 참 편안하게 읽어 줍니다
그곳에서 눈물은
온종일 죄가 되지 않았습니다

- 「숲, 햇살을 읽다」 전문

바람은
실오라기 하나 걸치지 않고
맨 몸으로 살랑입니다
수줍은 꽃들
첫날밤처럼 피어납니다

세상은 그렇게 유혹 당하고
산천은 그렇게 사랑물 들고
봄날은 그러다 철이 들고

오늘, 불쑥 그 봄날이
참 많이 그립습니다

- 「불쑥, 그 봄날이」 전문

나지막이 익어가는 길
그 길 위에서
직선으로 달려온 시간이
갈바람 리듬을 탄다
직선인 듯 곡선의 저 허리들
율격 실은 몸짓으로
봄 한데 묶어 밀물 썰물 길을 만들고
가을을 몰고 있다

바닷물 깔아 만든 갯벌화선지에
꽃게들 갈대 밀어 숭숭 시를 쓰고
갈대는 구름에 율격 맞추면
순천만 갈대숲은 어느새 시집이 된다

한 사나흘 그 곁에 서면
시루에 갇힌 내 이야기
갈대 행간에서 부드러운 뜸이 들까
'순천만 갈대 시집'에 메마르지 않을
시 한 줄 담겨질까

   - 「직선인 듯 곡선인 듯 - 순천만 갈대숲에서」 전문

새털구름에도
가을비에도
단풍은 저리 곱게 드는가

푸른 젊은 날 곱게도 익혀 내었네
꽃보다 아름다운 너의 끝자락
강물처럼 저절로 흘러온 빛 아닌 줄 알지만
나 너처럼 물들고 싶네

그러면 나의 마지막도
누군가의 책갈피에
꽃인 양 곱게 간직해질까
그리움 하나쯤 피침披針처럼 꽂혀질까

    - 「끝자락, 단풍들다」 전문

푸른 솔 향, 산자락마다

문장으로 날고 있다
첫날밤 여인의 귓불로 물들인 사과
호객으로 풀어 놓으며
청송은 그렇게 우리를 취하게 한다

솔바람 따라 산을 오른다
매미들 갈증 같은 여름더위를 지우고
계곡물소리로 쑥부쟁이는 근심을 벗는다
용추폭포는 이른 가을을 담아
산을 오르는 발자국들에 수채화를 뿌려 준다
바람의 귓속말로 가을은 익어가고
우리는 더디 더디 물들라고 잎새마다 주문하고

송이향이 배웅하는 하산 길에서
나는 귓불 붉힌 시 한 줄을 꿈꾸어 본다.

    - 「청송의 가을 - 울산 문협 문학기행」 전문

호수공원 가득 깔깔깔 웃음소리
돌아보니 스무 살 아가씨들
동글동글 해바라기로 피었다

두 살 외손녀와 숨바꼭질을 한다
엉덩이 머리 다 내어 놓고도
눈만 가리면 들킨 것 아니란다
모르는 척 기다렸다 눈 맞추면
그제야 들켰다고 까르르 웃는다

그 웃음 참 예쁘다

그 씨앗 받아 마음 밭에 뿌려야겠다
물주고 거름 주어 가꾸면
패랭이 채송화 해바라기
푸른 한 소절로 피워주지 않을까
마음이 몸보다 아픈 날 꺼내 보면
깔깔깔 그 소리로 피어나지 않을까

- 「웃음씨를 받다」 전문

서금자 시인의 시맥詩脈이 짙은 서정을 바탕
으로 유유히 흐르고 있는 작품들이다. 달관이
보이는 은유 또는 비유가 초목처럼 싱그러움
은 서금자 시법詩法의 특장特長이기도 하다. 작
품들이 한결 같다.

3. 아름다운 세상에서 보내는 행복한 삶

베란다 가득 여주가 넌출대고 있습니다 연필심
만한 줄기로 내 키 다섯도 넘는 길을 내어 물을 나
르며 녹색을 풀어내고 있습니다. 십삼 층까지 나비
는 감히 올라올 엄두도 못 내는데 저들은 꽃을 피
웁니다 수많은 수꽃들 사이로 도깨비 방망이를 단
귀한 암꽃, 사흘 후 시들시들 떨어지고 말더니 또
씨방을 단 여주낭자가 노란 얼굴을 붉혔습니다 나
는 졸지에 나비가 되어 수꽃도령에게 첫날밤을 만
들어줍니다 사뿐히 최대한 부드럽게 입맞춤을 하
게하고 그 다음은 그냥 저들에게 맡겨봅니다 신혼
을 치른 여주가 아기를 매달았습니다 도깨비 방망

이로 요술처럼 쑥쑥 자랍니다

　나도 참 주책없이 나이 들었나 봅니다 첫날밤
을 지켜보면서도 낯 한번 붉히지 않았으니 말입니
다 귀하디귀한 어린 것에 어지간히 목말랐나 봅니
다 어린 것은 어려서 모두 귀엽듯이 울퉁불퉁 못
생긴 내 여주도 귀엽기만 합니다 이렇게 나는 베
란다에서 가을 한 자락을 익혀갑니다 남은 가을이
아깝게도 자꾸 익어갑니다

　　　　　－「가을 한 자락을 익히고」 전문

　　　칠팔순 늦깎이 어린이들
　　　글 사랑 교실에 꽃으로 만발했다

　　　분이는 공책에 글자들 비뚤비뚤 심어놓고
　　　숙이는 가짜 졸업장으로 남편을 50년이나 속
　　　였다고
　　　먼 길 간 남편 꿈에라도 오면 용서편지 읽겠
　　　단다
　　　복이는 글공부 하는 공책 며느리에게 들켰다고
　　　낯 뜨거워 죽겠다며 엄살이시다

　　　고만고만한 어른아이들
　　　하하 호호 까막눈 형광등보다 밝아졌다
　　　개구진 웃음 교실을 들썩인다

　　　새파랗던 새댁 시절도
　　　아이들 주렁주렁 매달던 젊은 날도
　　　다시 돌아가기 싫단다

글자를 알며 세상을 알아가는 지금
참 사람으로 살고 있다고

잠재운 세월자락 일궈
시를 써서 시화전을 열던 날
당신이 주인공 되었다고
인생에서 제일 행복한 날이라고
둥실둥실 전설 같은 춤을 추신다

어여쁜 문학소녀들
인생에서 제일 행복한 꽃으로 피었던 날
세상에서 가장 아름다운 시가 되었다

– 「생애 최고의 행복–문해교육 글사랑 학교」 전문

숲향 절정인 함양 상림 숲길 지나
병풍으로 펼쳐진 연꽃밭
키만 멀쭉, 꽃이 덜 예쁜 연꽃을 책망하며
우리가 차라리 연꽃이고 싶다고 허세를 부렸지
최 참판 댁을 향한 뙤약볕 행군
박경리의 토지가 준엄한 미소로 반겼다
악양초등 운동장은 잔디가 유난히 반짝였고
꽃보다 더 고운 꽃 이름, 금송을 보았지
아른아른 비 내리는 오작교 거닐며
이도령 춘향 사랑 아리게 살려도 보고
도통초등 시청각실에서 더위 식히며
아득한 도를 통해도 보고

강산이 한 번 더 바뀐 오늘

사진으로 메모로 순간을 남기려던
애틋한 그날들
마치 오늘처럼 다가온다

그대들 잘 있는가
이 여름 상림 숲길 지나 그날처럼
연꽃으로 피고 싶지 않은가

                    - 「안부를 묻다」 전문

우리 집 나팔꽃은 오른쪽만 고집한다
왼쪽으로 꼭꼭 매어 두어도
밤새 잠도 안 자고 몸 비틀어
또 오른쪽

우리 반 혁이는 왼손만 고집한다
글씨도 가위질도 오른손으로
꽉 잡아 옮겨 주면
그때뿐

나팔꽃도 못 이기는 내가
혁이의 습관을 바꾸려 한 것은
순전히 내 고집이다

                    - 「나팔꽃 고집」 전문

　「생애 최고의 행복」은 그림 같은 시다. 교
육계 정년을 끝내고 할머니들에게 한글을 가
르치는 시인의 생활이 한 눈에 보인다. 한 편

의 영상물을 보는 것처럼 재미가 넘친다.

글 사랑 학교의 '칠·팔순 어린이들'만 즐거운 게 아니다. '고만고만한 어른아이들'을 지켜보는 선생님은 더 더욱 행복하다. "어여쁜 문학소녀들 / 인생에서 제일 행복한 꽃으로 피었던 날 / 세상에서 가장 아름다운 시가 되었다"의 구절은 언어의 꽃이다.

「안부를 묻다」에서 시인은 '2007년 9월 동구지역 여름방학 장학모니터 연수회에 다녀와서 써 두었던 글을 다시 다듬다'라고 설명했다. 10여 년 전에 쓴 글씨 한 자, 글 한 줄도 소중하게 깊이 간직하는 글 사랑이야 말로 서금자 시인의 '시정신'이다.

시집 제목이기도 한 「나팔꽃 고집」은 평생 교육자로서 정도로만 걸어온 그에게 낯설게 보기를 통한 역설적인paradox '시인정신'을 밝게 읽어낸 작품이다. 오른쪽만 고집하는 나팔꽃과 왼손만 고집하는 혁이를 대비시켜 놓고 "나팔꽃도 못 이기는 내가 / 혁이의 습관을 바꾸려 한 것은 / 순전히 내 고집이다"라고 한 시구는 '고집'이 아니다. 시적 화자가 스케치한 대상이 품은 존재적 의미는 이들에 대한 배려이고 반어적 시의 묘미이다. 그들의 개성을 존중하고 속성을 뚫어보는 통찰력이 돋보인다. 세상을 긍정적으로 그리고 애써 태연하게 바라보려는 마음이 묻어나는 깊이를 더한 작품이다. 「가을 한 자락을 익히고」 역시 사물을 바라보는 섬세함이 녹아 있어 젊은 날의 추억과 연민을 긍정적으로 바라보는 시인의 삶의 '길'을 엿보여 준다.

정결한 시정신과 시인정신은 시인 서금자를 가장 행복하게 하는 삶의 원천이다. '이팝꽃 사연'을 살아 있는 사랑으로 승화시켜 아름답게 빛나는 시, 삶을 일깨워주는 시를 많이 읽게 해주시기를 독자의 한 사람으로 기원한다.